Sigmund Freud

Beiträge zur Psychologie des Liebeslebens

Verlag
der
Wissenschaften

Sigmund Freud

Beiträge zur Psychologie des Liebeslebens

ISBN/EAN: 9783957002228

Auflage: 1

Erscheinungsjahr: 2014

Erscheinungsort: Norderstedt, Deutschland

Hergestellt in Europa, USA, Kanada, Australien, Japan
Verlag der Wissenschaften in Hansebooks GmbH, Norderstedt

SIGM. FREUD

Beiträge zur Psychologie des Liebeslebens

Beiträge zur Psychologie des Liebeslebens

Von

Prof. Dr. Sigm. Freud

1924
Internationaler Psychoanalytischer Verlag
Leipzig / Wien / Zürich

I

ÜBER EINEN BESONDEREN TYPUS DER OBJEKTWAHL BEIM MANNE[1]

Wir haben es bisher den Dichtern überlassen, uns zu schildern, nach welchen „Liebesbedingungen" die Menschen ihre Objektwahl treffen, und wie sie die Anforderungen ihrer Phantasie mit der Wirklichkeit in Einklang bringen. Die Dichter verfügen auch über manche Eigenschaften, welche sie zur Lösung einer solchen Aufgabe befähigen, vor allem über die Feinfühligkeit für die Wahrnehmung verborgener Seelenregungen bei anderen und den Mut, ihr eigenes Unbewußtes laut werden zu lassen. Aber der Erkenntniswert ihrer Mitteilungen wird durch einen Umstand herabgesetzt. Die Dichter sind an die Bedingung gebunden, intellektuelle und ästhetische Lust sowie bestimmte Gefühlswirkungen zu erzielen, und darum können sie den Stoff der Realität nicht unverändert darstellen, sondern müssen Teilstücke desselben isolieren, störende Zusammenhänge auflösen, das Ganze mildern und Fehlendes ersetzen. Es sind dies Vorrechte der sogenannten „poetischen Freiheit". Auch können sie nur wenig

---

1) *Der erste Beitrag („Über einen besonderen Typus der Objektwahl beim Manne") erschien zuerst 1910 im „Jahrbuch für psychoanalytische und psychopathologische Forschungen", Band II; der zweite („Über die allgemeinste Erniedrigung des Liebeslebens") 1912, ebendort, Band IV; beide Beiträge dann, mitsamt der dritten („Das Tabu der Virginität") unter dem gemeinsamen Obertitel („Beiträge zur Psychologie des Liebeslebens") in der Vierten Folge der „Sammlung kleiner Schriften zur Neurosenlehre". Die vorliegende Veröffentlichung ist die erste in selbständiger Buchform. [Anmerkung des Verlages.]*

Interesse für die Herkunft und Entwicklung solcher seelischer
Zustände äußern, die sie als fertige beschreiben. Somit wird es
doch unvermeidlich, daß die Wissenschaft mit plumperen Händen
und zu geringerem Lustgewinne sich mit denselben Materien
beschäftige, an deren dichterischer Bearbeitung sich die Menschen
seit Tausenden von Jahren erfreuen. Diese Bemerkungen mögen
zur Rechtfertigung einer streng wissenschaftlichen Bearbeitung
auch des menschlichen Liebeslebens dienen. Die Wissenschaft ist
eben die vollkommenste Lossagung vom Lustprinzip, die unserer
psychischen Arbeit möglich ist.

Während der psychoanalytischen Behandlungen hat man reichlich Gelegenheit, sich Eindrücke aus dem Liebesleben der Neurotiker
zu holen, und kann sich dabei erinnern, daß man ähnliches Verhalten
auch bei durchschnittlich Gesunden oder selbst bei hervorragenden
Menschen beobachtet oder erfahren hat. Durch Häufung der
Eindrücke infolge zufälliger Gunst des Materials treten dann
einzelne Typen deutlicher hervor. Einen solchen Typus der männlichen Objektwahl will ich hier zuerst beschreiben, weil er
sich durch eine Reihe von „Liebesbedingungen" auszeichnet,
deren Zusammentreffen nicht verständlich, ja eigentlich befremdend ist, und weil er eine einfache psychoanalytische Aufklärung
zuläßt.

1.) Die erste dieser Liebesbedingungen ist als geradezu spezifisch
zu bezeichnen; sobald man sie vorfindet, darf man nach dem
Vorhandensein der anderen Charaktere dieses Typus suchen. Man
kann sie die Bedingung des „G e s c h ä d i g t e n D r i t t e n" nennen;
ihr Inhalt geht dahin, daß der Betreffende niemals ein Weib
zum Liebesobjekt wählt, welches noch frei ist, also ein Mädchen
oder eine alleinstehende Frau, sondern nur ein solches Weib, auf
das ein anderer Mann als Ehegatte, Verlobter, Freund Eigentums-
rechte geltend machen kann. Diese Bedingung zeigt sich in
manchen Fällen so unerbittlich, daß dasselbe Weib zuerst über-

sehen oder selbst verschmäht werden kann, solange es niemandem angehört, während es sofort Gegenstand der Verliebtheit wird, sobald es in eine der genannten Beziehungen zu einem anderen Manne tritt.

2.) Die zweite Bedingung ist vielleicht minder konstant, aber nicht weniger auffällig. Der Typus wird erst durch ihr Zusammentreffen mit der ersten erfüllt, während die erste auch für sich allein in großer Häufigkeit vorzukommen scheint. Diese zweite Bedingung besagt, daß das keusche und unverdächtige Weib niemals den Reiz ausübt, der es zum Liebesobjekt erhebt, sondern nur das irgendwie sexuell anrüchige, an dessen Treue und Verläßlichkeit ein Zweifel gestattet ist. Dieser letztere Charakter mag in einer bedeutungsvollen Reihe variieren, von dem leisen Schatten auf dem Ruf einer dem Flirt nicht abgeneigten Ehefrau bis zur offenkundig polygamen Lebensführung einer Kokotte oder Liebeskünstlerin, aber auf irgend etwas dieser Art wird von den zu unserem Typus Gehörigen nicht verzichtet. Man mag diese Bedingung mit etwas Vergröberung die der „D i r n e n l i e b e" heißen.

Wie die erste Bedingung Anlaß zur Befriedigung von agonalen, feindseligen Regungen gegen den Mann gibt, dem man das geliebte Weib entreißt, so steht die zweite Bedingung, die der Dirnenhaftigkeit des Weibes, in Beziehung zur Betätigung der E i f e r s u c h t, die für Liebende dieses Typus ein Bedürfnis zu sein scheint. Erst wenn sie eifersüchtig sein können, erreicht die Leidenschaft ihre Höhe, gewinnt das Weib seinen vollen Wert und sie versäumen nie, sich eines Anlasses zu bemächtigen, der ihnen das Erleben dieser stärksten Empfindungen gestattet. Merkwürdigerweise ist es nicht der rechtmäßige Besitzer der Geliebten, gegen den sich diese Eifersucht richtet, sondern neu auftauchende Fremde, mit denen man die Geliebte in Verdacht bringen kann. In grellen Fällen zeigt der Liebende keinen Wunsch, das Weib für sich allein zu besitzen, und scheint sich in dem dreieckigen Verhältnis durchaus wohl zu fühlen. Einer meiner Patienten, der unter den Seitensprüngen seiner Dame entsetzlich gelitten hatte, hatte doch gegen ihre Verheiratung nichts einzuwenden, sondern förderte diese mit allen Mitteln; gegen den Mann zeigte er dann durch Jahre niemals eine Spur von Eifersucht. Ein anderer typischer Fall war in seinen ersten Liebesbeziehungen allerdings sehr eifersüchtig gegen den Ehegatten gewesen und hatte die Dame genötigt, den ehelichen Verkehr mit diesem einzustellen; in seinen zahlreichen späteren Verhältnissen benahm er sich aber wie die anderen und faßte den legitimen Mann nicht mehr als Störuug auf.

Die folgenden Punkte schildern nicht mehr die vom Liebesobjekt geforderten Bedingungen, sondern das Verhalten des Liebenden gegen das Objekt seiner Wahl.

3.) Im normalen Liebesleben wird der Wert des Weibes durch seine sexuelle Integrität bestimmt und durch die Annäherung an den Charakter der Dirnenhaftigkeit herabgesetzt. Es erscheint daher als eine auffällige Abweichung vom Normalen, daß von den Liebenden unseres Typus die mit diesem Charakter behafteten Frauen als höchstwertige Liebesobjekte behandelt werden. Die Liebesbeziehungen zu diesen Frauen werden mit dem höchsten psychischen Aufwand bis zur Aufzehrung aller anderen Interessen betrieben; sie sind die einzigen Personen, die man lieben kann, und die Selbstanforderung der Treue wird jedesmal wieder erhoben, so oft sie auch in der Wirklichkeit durchbrochen werden mag. In diesen Zügen der beschriebenen Liebesbeziehungen prägt sich überdeutlich der zwanghafte Charakter aus, welcher ja in gewissem Grade jedem Falle von Verliebtheit eignet. Man darf aber aus der Treue und Intensität der Bindung nicht die Erwartung ableiten, daß ein einziges solches Liebesverhältnis das Liebesleben der Betreffenden ausfülle oder sich nur einmal innerhalb desselben abspiele. Vielmehr wiederholen sich Leidenschaften dieser Art mit den gleichen Eigentümlichkeiten — die eine das genaue

Abbild der anderen — mehrmals im Leben der diesem Typus Angehörigen, ja die Liebesobjekte können nach äußeren Bedingungen, z. B. Wechsel von Aufenthalt und Umgebung, einander so häufig ersetzen, daß es zur Bildung einer langen Reihe kommt.

4.) Am überraschendsten wirkt auf den Beobachter die bei den Liebenden dieses Typus sich äußernde Tendenz, die Geliebte zu „retten". Der Mann ist überzeugt, daß die Geliebte seiner bedarf, daß sie ohne ihn jeden sittlichen Halt verlieren und rasch auf ein bedauernswertes Niveau herabsinken würde. Er rettet sie also, indem er nicht von ihr läßt. Die Rettungsabsicht kann sich in einzelnen Fällen durch die Berufung auf die sexuelle Unverläßlichkeit und die sozial gefährdete Position der Geliebten rechtfertigen; sie tritt aber nicht minder deutlich hervor, wo solche Anlehnungen an die Wirklichkeit fehlen. Einer der zum beschriebenen Typus gehörigen Männer, der seine Damen durch kunstvolle Verführung und spitzfindige Dialektik zu gewinnen verstand, scheute dann im Liebesverhältnis keine Anstrengung, um die jeweilige Geliebte durch selbstverfaßte Traktate auf dem Wege der „Tugend" zu erhalten.

Überblickt man die einzelnen Züge des hier geschilderten Bildes, die Bedingungen der Unfreiheit und der Dirnenhaftigkeit der Geliebten, die hohe Wertung derselben, das Bedürfnis nach Eifersucht, die Treue, die sich doch mit der Auflösung in eine lange Reihe verträgt, und die Rettungsabsicht, so wird man eine Ableitung derselben aus einer einzigen Quelle für wenig wahrscheinlich halten. Und doch ergibt sich eine solche leicht bei psychoanalytischer Vertiefung in die Lebensgeschichte der in Betracht kommenden Personen. Diese eigentümlich bestimmte Objektwahl und das so sonderbare Liebesverhalten haben dieselbe psychische Abkunft wie im Liebesleben des Normalen, sie entspringen aus der infantilen Fixierung der Zärtlichkeit an die Mutter und stellen einen der Ausgänge dieser Fixierung dar. Im

normalen Liebesleben erübrigen nur wenige Züge, welche das
mütterliche Vorbild der Objektwahl unverkennbar verraten, so
zum Beispiel die Vorliebe junger Männer für gereiftere Frauen;
die Ablösung der Libido von der Mutter hat sich verhältnismäßig rasch vollzogen. Bei unserem Typus hingegen hat die
Libido auch nach dem Eintritt der Pubertät so lange bei der
Mutter verweilt, daß den später gewählten Liebesobjekten die
mütterlichen Charaktere eingeprägt bleiben, daß diese alle zu
leicht kenntlichen Muttersurrogaten werden. Es drängt sich hier
der Vergleich mit der Schädelformation des Neugeborenen auf;
nach protrahierter Geburt muß der Schädel des Kindes den Aus-
guß der mütterlichen Beckenenge darstellen.

Es obliegt uns nun, wahrscheinlich zu machen, daß die charakte-
ristischen Züge unseres Typus, Liebesbedingungen wie Liebesverhalten, wirklich der mütterlichen Konstellation entspringen.
Am leichtesten dürfte dies für die erste Bedingung, die der
Unfreiheit des Weibes oder des geschädigten Dritten, gelingen.
Man sieht ohne weiteres ein, daß bei dem in der Familie auf-
wachsenden Kinde die Tatsache, daß die Mutter dem Vater
gehört, zum unabtrennbaren Stück des mütterlichen Wesens wird,
und daß kein anderer als der Vater selbst der geschädigte Dritte
ist. Ebenso ungezwungen fügt sich der überschätzende Zug, daß
die Geliebte die Einzige, Unersetzliche ist, in den infantilen
Zusammenhang ein, denn niemand besitzt mehr als eine
Mutter, und die Beziehung zu ihr ruht auf dem Fundament
eines jedem Zweifel entzogenen und nicht zu wiederholenden
Ereignisses.

Wenn die Liebesobjekte bei unserem Typus vor allem Mutter-
surrogate sein sollen, so wird auch die Reihenbildung verständlich, welche der Bedingung der Treue so direkt zu widersprechen
scheint. Die Psychoanalyse belehrt uns auch durch andere Bei-
spiele, daß das im Unbewußten wirksame Unersetzliche sich
häufig durch die Auflösung in eine unendliche Reihe kundgibt,

unendlich darum, weil jedes Surrogat doch die erstrebte Befriedigung vermissen läßt. So erklärt sich die unstillbare Fragelust der Kinder in gewissem Alter daraus, daß sie eine einzige Frage zu stellen haben, die sie nicht über ihre Lippen bringen, die Geschwätzigkeit mancher neurotisch geschädigter Personen aus dem Drucke eines Geheimnisses, das zur Mitteilung drängt, und das sie aller Versuchung zum Trotze doch nicht verraten.

Dagegen scheint die zweite Liebesbedingung, die der Dirnenhaftigkeit des gewählten Objekts, einer Ableitung aus dem Mutterkomplex energisch zu widerstreben. Dem bewußten Denken des Erwachsenen erscheint die Mutter gern als Persönlichkeit von unantastbarer sittlicher Reinheit, und wenig anderes wirkt, wenn es von außen kommt, so beleidigend, oder wird, wenn es von innen aufsteigt, so peinigend empfunden wie ein Zweifel an diesem Charakter der Mutter. Gerade dieses Verhältnis von schärfstem Gegensatze zwischen der „Mutter" und der „Dirne" wird uns aber anregen, die Entwicklungsgeschichte und das unbewußte Verhältnis dieser beiden Komplexe zu erforschen, wenn wir längst erfahren haben, daß im Unbewußten häufig in Eines zusammenfällt, was im Bewußtsein in zwei Gegensätze gespalten vorliegt. Die Untersuchung führt uns dann in die Lebenszeit zurück, in welcher der Knabe zuerst eine vollständigere Kenntnis von den sexuellen Beziehungen zwischen den Erwachsenen gewinnt, etwa in die Jahre der Vorpubertät. Brutale Mitteilungen von unverhüllt herabsetzender und aufrührerischer Tendenz machen ihn da mit dem Geheimnis des Geschlechtslebens bekannt, zerstören die Autorität der Erwachsenen, die sich als unvereinbar mit der Enthüllung ihrer Sexualbetätigung erweist. Was in diesen Eröffnungen den stärksten Einfluß auf den Neueingeweihten nimmt, das ist deren Beziehung zu den eigenen Eltern. Dieselbe wird oft direkt von dem Hörer abgelehnt, etwa mit den Worten: Es ist möglich, daß deine Eltern und andere Leute so etwas miteinander tun, aber von meinen Eltern ist es ganz unmöglich.

Als selten fehlendes Korollar zur „sexuellen Aufklärung"
gewinnt der Knabe auch gleichzeitig die Kenntnis von der
Existenz gewisser Frauen, die den geschlechtlichen Akt erwerbs-
mäßig ausüben und darum allgemein verachtet werden. Ihm
selbst muß diese Verachtung ferne sein; er bringt für diese
Unglücklichen nur eine Mischung von Sehnsucht und Grausen
auf, sobald er weiß, daß auch er von ihnen in das Geschlechtsleben eingeführt werden kann, welches ihm bisher als der aus-
schließliche Vorbehalt der „Großen" galt. Wenn er dann den
Zweifel nicht mehr festhalten kann, der für seine Eltern eine
Ausnahme von den häßlichen Normen der Geschlechtsbetätigung
fordert, so sagt er sich mit zynischer Korrektheit, daß der Unterschied zwischen der Mutter und der Hure doch nicht so groß
sei, daß sie im Grunde das nämliche tun. Die aufklärenden Mitteilungen haben nämlich die Erinnerungsspuren seiner frühinfantilen
Eindrücke und Wünsche in ihm geweckt und von diesen aus
gewisse seelische Regungen bei ihm wieder zur Aktivität gebracht.
Er beginnt die Mutter selbst in dem neugewonnenen Sinne zu
begehren und den Vater als Nebenbuhler, der diesem Wunsche
im Wege steht, von neuem zu hassen; er gerät, wie wir sagen,
unter die Herrschaft des Ödipuskomplexes. Er vergißt es der
Mutter nicht und betrachtet es im Lichte einer Untreue, daß sie
die Gunst des sexuellen Verkehres nicht ihm, sondern dem Vater
geschenkt hat. Diese Regungen haben, wenn sie nicht rasch
vorüberziehen, keinen anderen Ausweg, als sich in Phantasien
auszuleben, welche die Sexualbetätigung der Mutter unter den
mannigfachsten Verhältnissen zum Inhalte haben, deren Spannung
auch besonders leicht zur Lösung im onanistischen Akte führt.
Infolge des beständigen Zusammenwirkens der beiden treibenden
Motive, der Begehrlichkeit und der Rachsucht, sind Phantasien
von der Untreue der Mutter die bei weitem bevorzugten; der
Liebhaber, mit dem die Mutter die Untreue begeht, trägt fast
immer die Züge des eigenen Ichs, richtiger gesagt, der eigenen,

idealisierten, durch Altersreifung auf das Niveau des Vaters
gehobenen Persönlichkeit. Was ich an anderer Stelle[1] als „Familien-
roman" geschildert habe, umfaßt die vielfältigen Ausbildungen
dieser Phantasietätigkeit und deren Verwebung mit verschiedenen
egoistischen Interessen dieser Lebenszeit. Nach Einsicht in dieses
Stück seelischer Entwicklung können wir es aber nicht mehr
widerspruchsvoll und unbegreiflich finden, daß die Bedingung
der Dirnenhaftigkeit der Geliebten sich direkt aus dem Mutterkomplex ableitet. Der von uns beschriebene Typus des männlichen
Liebeslebens trägt die Spuren dieser Entwicklungsgeschichte an
sich und läßt sich einfach verstehen als Fixierung an die Pubertäts-
phantasien des Knaben, die späterhin den Ausweg in die Realität
des Lebens doch noch gefunden haben. Es macht keine
Schwierigkeiten anzunehmen, daß die eifrig geübte Onanie der
Pubertätsjahre ihren Beitrag zur Fixierung jener Phantasien
geleistet hat.

Mit diesen Phantasien, welche sich zur Beherrschung des
realen Liebeslebens aufgeschwungen haben, scheint die Tendenz,
die Geliebte zu r e t t e n, nur in lockerer, oberflächlicher und
durch bewußte Begründung erschöpfbarer Verbindung zu stehen.
Die Geliebte bringt sich durch ihre Neigung zur Unbeständigkeit
und Untreue in Gefahren, also ist es begreiflich, daß der Liebende
sich bemüht, sie vor diesen Gefahren zu behüten, indem er ihre
Tugend überwacht und ihren schlechten Neigungen entgegen-
arbeitet. Indes zeigt das Studium der Deckerinnerungen, Phantasien und nächtlichen Träume der Menschen, daß hier eine
vortrefflich gelungene „Rationalisierung" eines unbewußten
Motivs vorliegt, die einer gut geratenen sekundären Bearbeitung
im Traume gleichzusetzen ist. In Wirklichkeit hat das R e t t u n g s-
m o t i v seine eigene Bedeutung und Geschichte und ist ein
selbständiger Abkömmling des Mutter- oder, richtiger gesagt, des

---

1) O. R a n k, Der Mythus von der Geburt des Helden, 1909. (Schriften zur angewandten Seelenkunde, Heft 5.) 2. Auflage 1922.

Elternkomplexes. Wenn das Kind hört, daß es sein Leben den
Eltern v e r d a n k t, daß ihm die Mutter „d a s   L e b e n
g e s c h e n k t" hat, so vereinen sich bei ihm zärtliche mit groß-
mannssüchtigen, nach Selbständigkeit ringenden Regungen, um
den Wunsch entstehen zu lassen, den Eltern dieses Geschenk
zurückzuerstatten, es ihnen durch ein gleichwertiges zu vergelten.
Es ist, wie wenn der Trotz des Knaben sagen wollte: Ich brauche
nichts vom Vater, ich will ihm alles zurückgeben, was ich ihn
gekostet habe. Er bildet dann die Phantasie, d e n   V a t e r   a u s
e i n e r   L e b e n s g e f a h r   z u   r e t t e n, wodurch er mit ihm quitt
wird, und diese Phantasie verschiebt sich häufig genug auf den
Kaiser, König oder sonst einen großen Herrn und wird nach
dieser Entstellung bewußtseinsfähig und selbst für den Dichter
verwertbar.   In der Anwendung auf den Vater überwiegt bei
weitem der trotzige Sinn der Rettungsphantasie, der Mutter
wendet sie meist ihre zärtliche Bedeutung zu. Die Mutter hat
dem Kinde das Leben geschenkt, und es ist nicht leicht, dies
eigenartige Geschenk durch etwas Gleichwertiges zu ersetzen. Bei
geringem Bedeutungswandel, wie er im Unbewußten erleichtert
ist — was man etwa dem bewußten Ineinanderfließen der Begriffe
gleichstellen kann — gewinnt das Retten der Mutter die Bedeutung von: ihr ein Kind schenken oder machen, natürlich ein
Kind, wie man selbst ist.   Die Entfernung vom ursprünglichen
Sinne der Rettung ist keine allzu große, der Bedeutungswandel
kein willkürlicher. Die Mutter hat einem ein Leben geschenkt,
das eigene, und man schenkt ihr dafür ein anderes Leben, das
eines Kindes, das mit dem eigenen Selbst die größte Ähnlichkeit
hat. Der Sohn erweist sich dankbar, indem er sich wünscht, von
der Mutter einen Sohn zu haben, der ihm selbst gleich ist, das
heißt, in der Rettungsphantasie identifiziert er sich völlig mit
dem Vater. Alle Triebe, die zärtlichen, dankbaren, lüsternen,
trotzigen, selbstherrlichen, sind durch den einen Wunsch befriedigt,
s e i n   e i g e n e r   V a t e r   z u   s e i n. Auch das Moment der Gefahr

ist bei dem Bedeutungswandel nicht verloren gegangen; der Geburtsakt selbst ist nämlich die Gefahr, aus der man durch die Anstrengung der Mutter gerettet wurde. Die Geburt ist ebenso die allererste Lebensgefahr wie das Vorbild aller späteren, vor denen wir Angst empfinden, und das Erleben der Geburt hat uns wahrscheinlich den Affektausdruck, den wir Angst heißen, hinterlassen. Der M a c d u f f der schottischen Sage, den seine Mutter nicht geboren hatte, der aus seiner Mutter Leib geschnitten wurde, hat darum auch die Angst nicht gekannt.

Der alte Traumdeuter A r t e m i d o r o s hatte sicherlich Recht mit der Behauptung, der Traum wandle seinen Sinn je nach der Person des Träumers. Nach den für den Ausdruck unbewußter Gedanken geltenden Gesetzen kann das „Retten" seine Bedeutung variieren, je nachdem es von einer Frau oder von einem Manne phantasiert wird. Es kann ebensowohl bedeuten: ein Kind machen = zur Geburt bringen (für den Mann) wie: selbst ein Kind gebären (für die Frau).

Insbesondere in der Zusammensetzung mit dem Wasser lassen sich diese verschiedenen Bedeutungen des Rettens in Träumen und Phantasien deutlich erkennen. Wenn ein Mann im Traume eine Frau aus dem Wasser rettet, so heißt das: er macht sie zur Mutter, was nach den vorstehenden Erörterungen gleichsinnig ist dem Inhalte: er macht sie zu seiner Mutter. Wenn eine Frau einen anderen (ein Kind) aus dem Wasser rettet, so bekennt sie sich damit wie die Königstochter in der Mosessage[1] als seine Mutter, die ihn geboren hat.

Gelegentlich enthält auch die auf den Vater gerichtete Rettungsphantasie einen zärtlichen Sinn. Sie will dann den Wunsch ausdrücken, den Vater zum Sohne zu haben, das heißt einen Sohn zu haben, der so ist wie der Vater. Wegen all dieser Beziehungen des Rettungsmotivs zum Elternkomplex bildet die Tendenz, die

---

1) R a n k, l. c.

Geliebte zu retten, einen wesentlichen Zug des hier beschriebenen Liebestypus.

Ich halte es nicht für notwendig, meine Arbeitsweise zu rechtfertigen, die hier wie bei der Aufstellung der **Analerotik** darauf hinausgeht, aus dem Beobachtungsmaterial zunächst extreme und scharf umschriebene Typen herauszuheben. Es gibt in beiden Fällen weit zahlreichere Individuen, in denen nur einzelne Züge dieses Typus, oder diese nur in unscharfer Ausprägung festzustellen sind, und es ist selbstverständlich, daß erst die Darlegung des ganzen Zusammenhanges, in den diese Typen aufgenommen sind, deren richtige Würdigung ermöglicht.

II

ÜBER DIE ALLGEMEINSTE ERNIEDRIGUNG DES LIEBESLEBENS

1

Wenn der psychoanalytische Praktiker sich fragt, wegen welches Leidens er am häufigsten um Hilfe angegangen wird, so muß er — absehend von der vielgestaltigen Angst — antworten: wegen psychischer Impotenz. Diese sonderbare Störung betrifft Männer von stark libidinösem Wesen und äußert sich darin, daß die Exekutivorgane der Sexualität die Ausführung des geschlechtlichen Aktes verweigern, obwohl sie sich vorher und nachher als intakt und leistungsfähig erweisen können, und obwohl eine starke psychische Geneigtheit zur Ausführung des Aktes besteht. Die erste Anleitung zum Verständnis seines Zustandes erhält der Kranke selbst, wenn er die Erfahrung macht, daß ein solches Versagen nur beim Versuch mit gewissen Personen auftritt, während es bei anderen niemals in Frage kommt. Er weiß dann, daß es eine Eigenschaft des Sexualobjekts ist, von welcher die Hemmung seiner männlichen Potenz ausgeht, und berichtet manchmal, er habe die Empfindung eines Hindernisses in seinem Innern, die Wahrnehmung eines Gegenwillens, der die bewußte Absicht mit Erfolg störe. Er kann aber nicht erraten, was dies innere Hindernis ist und welche Eigenschaft des Sexualobjekts es zur Wirkung bringt. Hat er solches Versagen wiederholt erlebt, so urteilt er wohl in bekannter

fehlerhafter Verknüpfung, die Erinnerung an das erste Mal habe
als störende Angstvorstellung die Wiederholungen erzwungen;
das erste Mal selbst führt er aber auf einen „zufälligen" Eindruck
zurück.

Psychoanalytische Studien über die psychische Impotenz sind
bereits von mehreren Autoren angestellt und veröffentlicht
worden.[1] Jeder Analytiker kann die dort gebotenen Aufklärungen
aus eigener ärztlicher Erfahrung bestätigen. Es handelt sich
wirklich um die hemmende Einwirkung gewisser psychischer
Komplexe, die sich der Kenntnis des Individuums entziehen. Als
allgemeinster Inhalt dieses pathogenen Materials hebt sich die
nicht überwundene inzestuöse Fixierung an Mutter und Schwester
hervor. Außerdem ist der Einfluß von akzidentellen peinlichen
Eindrücken, die sich an die infantile Sexualbetätigung knüpfen,
zu berücksichtigen und jene Momente, die ganz allgemein die
auf das weibliche Sexualobjekt zu richtende Libido verringern.[2]

Unterzieht man Fälle von greller psychischer Impotenz einem
eindringlichen Studium mittels der Psychoanalyse, so gewinnt
man folgende Auskunft über die dabei wirksamen psychosexuellen
Vorgänge. Die Grundlage des Leidens ist hier wiederum — wie
sehr wahrscheinlich bei allen neurotischen Störungen — eine
Hemmung in der Entwicklungsgeschichte der Libido bis zu ihrer
normal zu nennenden Endgestaltung. Es sind hier zwei Strömungen nicht zusammengetroffen, deren Vereinigung erst ein
völlig normales Liebesverhalten sichert, zwei Strömungen, die
wir als die zärtliche und die sinnliche voneinander unterscheiden können.

Von diesen beiden Strömungen ist die zärtliche die ältere. Sie
stammt aus den frühesten Kinderjahren, hat sich auf Grund der

1) M. Steiner: Die funktionelle Impotenz des Mannes und ihre Behandlung, 1907. — W. Stekel: In „Nervöse Angstzustände und ihre Behandlung", Wien 1908 (II. Auflage 1912). — Ferenczi: Analytische Deutung und Behandlung der psychosexuellen Impotenz beim Manne. (Psychiat.-neurol. Wochenschrift, 1908.)
2) W. Stekel: l. c., S. 191 ff.

Interessen des Selbsterhaltungstriebes gebildet und richtet sich auf die Personen der Familie und die Vollzieher der Kinderpflege. Sie hat von Anfang an Beiträge von den Sexualtrieben, Komponenten von erotischem Interesse mitgenommen, die schon in der Kindheit mehr oder minder deutlich sind, beim Neurotiker in allen Fällen durch die spätere Psychoanalyse aufgedeckt werden. Sie entspricht der p r i m ä r e n k i n d l i c h e n O b j e k t- w a h l. Wir ersehen aus ihr, daß die Sexualtriebe ihre ersten Objekte in der Anlehnung an die Schätzungen der Ichtriebe finden, gerade so, wie die ersten Sexualbefriedigungen in Anlehnung an die zur Lebenserhaltung notwendigen Körperfunktionen erfahren werden. Die „Zärtlichkeit" der Eltern und Pflegepersonen, die ihren erotischen Charakter selten verleugnet („das Kind ein erotisches Spielzeug"), tut sehr viel dazu, die Beiträge der Erotik zu den Besetzungen der Ichtriebe beim Kinde zu erhöhen und sie auf ein Maß zu bringen, welches in der späteren Entwicklung in Betracht kommen muß, besonders wenn gewisse andere Verhältnisse dazu ihren Beistand leihen.

Diese zärtlichen Fixierungen des Kindes setzen sich durch die Kindheit fort und nehmen immer wieder Erotik mit sich, welche dadurch von ihren sexuellen Zielen abgelenkt wird. Im Lebensalter der Pubertät tritt nun die mächtige „sinnliche" Strömung hinzu, die ihre Ziele nicht mehr verkennt. Sie versäumt es anscheinend niemals, die früheren Wege zu gehen und nun mit weit stärkeren Libidobeträgen die Objekte der primären infantilen Wahl zu besetzen. Aber da sie dort auf die unterdessen aufgerichteten Hindernisse der Inzestschranke stößt, wird sie das Bestreben äußern, von diesen real ungeeigneten Objekten möglichst bald den Übergang zu anderen, fremden Objekten zu finden, mit denen sich ein reales Sexualleben durchführen läßt. Diese fremden Objekte werden immer noch nach dem Vorbild (der Imago) der infantilen gewählt werden, aber sie werden mit der Zeit die

Zärtlichkeit an sich ziehen, die an die früheren gekettet war. Der Mann wird Vater und Mutter verlassen — nach der biblischen Vorschrift — und seinem Weibe nachgehen, Zärtlichkeit und Sinnlichkeit sind dann beisammen. Die höchsten Grade von sinnlicher Verliebtheit werden die höchste psychische Wertschätzung mit sich bringen. (Die normale Überschätzung des Sexualobjekts von seiten des Mannes.)

Für das Mißlingen dieses Fortschrittes im Entwicklungsgang der Libido werden zwei Momente maßgebend sein. Erstens das Maß von r e a l e r V e r s a g u n g, welches sich der neuen Objektwahl entgegensetzen und sie für das Individuum entwerten wird. Es hat ja keinen Sinn, sich der Objektwahl zuzuwenden, wenn man überhaupt nicht wählen darf oder keine Aussicht hat, etwas Ordentliches wählen zu können. Zweitens das Maß der A n z i e h u n g, welches die zu verlassenden infantilen Objekte äußern können, und das proportional ist der erotischen Besetzung, die ihnen noch in der Kindheit zuteil wurde. Sind diese beiden Faktoren stark genug, so tritt der allgemeine Mechanismus der Neurosenbildung in Wirksamkeit. Die Libido wendet sich von der Realität ab, wird von der Phantasietätigkeit aufgenommen (Introversion), verstärkt die Bilder der ersten Sexualobjekte, fixiert sich an dieselben. Das Inzesthindernis nötigt aber die diesen Objekten zugewendete Libido, im Unbewußten zu verbleiben. Die Betätigung der jetzt dem Unbewußten angehörigen sinnlichen Strømung in onanistischen Akten tut das Ihrige dazu, um diese Fixierung zu verstärken. Es ändert nichts an diesem Sachverhalt, wenn der Fortschritt nun in der Phantasie vollzogen wird, der in der Realität mißglückt ist, wenn in den zur onanistischen Befriedigung führenden Phantasiesituationen die ursprünglichen Sexualobjekte durch fremde ersetzt werden. Die Phantasien werden durch diesen Ersatz bewußtseinsfähig, an der realen Unterbringung der Libido wird ein Fortschritt nicht vollzogen.

Es kann auf diese Weise geschehen, daß die ganze Sinnlichkeit eines jungen Menschen im Unbewußten an inzestuöse Objekte gebunden oder, wie wir auch sagen können, an unbewußte inzestuöse Phantasien fixiert wird. Das Ergebnis ist dann eine absolute Impotenz, die etwa noch durch die gleichzeitig erworbene wirkliche Schwächung der den Sexualakt ausführenden Organe versichert wird.

Für das Zustandekommen der eigentlich sogenannten psychischen Impotenz werden mildere Bedingungen erfordert. Die sinnliche Strömung darf nicht in ihrem ganzen Betrag dem Schicksal verfallen, sich hinter der zärtlichen verbergen zu müssen, sie muß stark oder ungehemmt genug geblieben sein, um sich zum Teil den Ausweg in die Realität zu erzwingen. Die Sexualbetätigung solcher Personen läßt aber an den deutlichsten Anzeichen erkennen, daß nicht die volle psychische Triebkraft hinter ihr steht. Sie ist launenhaft, leicht zu stören, oft in der Ausführung inkorrekt, wenig genußreich. Vor allem aber muß sie der zärtlichen Strömung ausweichen. Es ist also eine Beschränkung in der Objektwahl hergestellt worden. Die aktiv gebliebene sinnliche Strömung sucht nur nach Objekten, die nicht an die ihr verpönten inzestuösen Personen mahnen; wenn von einer Person ein Eindruck ausgeht, der zu hoher psychischer Wertschätzung führen könnte, so läuft er nicht in Erregung der Sinnlichkeit, sondern in erotisch unwirksame Zärtlichkeit aus. Das Liebesleben solcher Menschen bleibt in die zwei Richtungen gespalten, die von der Kunst als himmlische und irdische (oder tierische) Liebe personifiziert werden. Wo sie lieben, begehren sie nicht, und wo sie begehren, können sie nicht lieben. Sie suchen nach Objekten, die sie nicht zu lieben brauchen, um ihre Sinnlichkeit von ihren geliebten Objekten fernzuhalten, und das sonderbare Versagen der psychischen Impotenz tritt nach den Gesetzen der „Komplexempfindlichkeit" und der „Rückkehr des Verdrängten" dann auf, wenn an dem zur Vermeidung des

Inzests gewählten Objekt ein oft unscheinbarer Zug an das zu vermeidende Objekt erinnert.

Das Hauptschutzmittel gegen solche Störung, dessen sich der Mensch in dieser Liebesspaltung bedient, besteht in der psychischen E r n i e d r i g u n g des Sexualobjektes, während die dem Sexualobjekt normalerweise zustehende Überschätzung dem inzestuösen Objekt und dessen Vertretungen reserviert wird. Sowie die Bedingung der Erniedrigung erfüllt ist, kann sich die Sinnlichkeit frei äußern, bedeutende sexuelle Leistungen und hohe Lust entwickeln. Zu diesem Ergebnis trägt noch ein anderer Zusammenhang bei. Personen, bei denen die zärtliche und die sinnliche Strömung nicht ordentlich zusammengeflossen sind, haben auch meist ein wenig verfeinertes Liebesleben; perverse Sexualziele sind bei ihnen erhalten geblieben, deren Nichterfüllung als empfindliche Lusteinbuße verspürt wird, deren Erfüllung aber nur am erniedrigten, geringgeschätzten Sexualobjekt möglich erscheint.

Die in dem ersten Beitrag[1] erwähnten Phantasien des Knaben, welche die Mutter zur Dirne herabsetzen, werden nun nach ihren Motiven verständlich. Es sind Bemühungen, die Kluft zwischen den beiden Strömungen des Liebeslebens wenigstens in der Phantasie zu überbrücken, die Mutter durch Erniedrigung zum Objekt für die Sinnlichkeit zu gewinnen.

2

Wir haben uns bisher mit einer ärztlich-psychologischen Untersuchung der psychischen Impotenz beschäftigt, welche in der Überschrift dieser Abhandlung keine Rechtfertigung findet. Es wird sich aber zeigen, daß wir dieser Einleitung bedurft haben, um den Zugang zu unserem eigentlichen Thema zu gewinnen.

Wir haben die psychische Impotenz reduziert auf das Nichtzusammentreffen der zärtlichen und der sinnlichen Strömung im

---

1) S. 193 uff.

Liebesleben und diese Entwicklungshemmung selbst erklärt durch die Einflüsse der starken Kindheitsfixierungen und der späteren Versagung in der Realität bei Dazwischenkunft der Inzestschranke. Gegen diese Lehre ist vor allem eines einzuwenden: sie gibt uns zu viel, sie erklärt uns, warum gewisse Personen an psychischer Impotenz leiden, läßt uns aber rätselhaft erscheinen, daß andere diesem Leiden entgehen konnten. Da alle in Betracht kommenden ersichtlichen Momente, die starke Kindheitsfixierung, die Inzestschranke und die Versagung in den Jahren der Entwicklung nach der Pubertät bei so ziemlich allen Kulturmenschen als vorhanden anzuerkennen sind, wäre die Erwartung berechtigt, daß die psychische Impotenz ein allgemeines Kulturleiden und nicht die Krankheit einzelner sei.

Es läge nahe, sich dieser Folgerung dadurch zu entziehen, daß man auf den quantitativen Faktor der Krankheitsverursachung hinweist, auf jenes Mehr oder Minder im Beitrag der einzelnen Momente, von dem es abhängt, ob ein kenntlicher Krankheitserfolg zustandekommt oder nicht. Aber obwohl ich diese Antwort als richtig anerkennen möchte, habe ich doch nicht die Absicht, die Folgerung selbst hiemit abzuweisen. Ich will im Gegenteil die Behauptung aufstellen, daß die psychische Impotenz weit verbreiteter ist, als man glaubt, und daß ein gewisses Maß dieses Verhaltens tatsächlich das Liebesleben des Kulturmenschen charakterisiert.

Wenn man den Begriff der psychischen Impotenz weiter faßt und ihn nicht mehr auf das Versagen der Koitusaktion bei vorhandener Lustabsicht und bei intaktem Genitalapparat einschränkt, so kommen zunächst alle jene Männer hinzu, die man als Psychanästhetiker bezeichnet, denen die Aktion nie versagt, die sie aber ohne besonderen Lustgewinn vollziehen; Vorkommnisse die häufiger sind, als man glauben möchte. Die psychoanalytische Untersuchung solcher Fälle deckt die nämlichen ätiologischen Momente auf, welche wir bei der psychischen Impotenz im

engeren Sinne gefunden haben, ohne daß die symptomatischen
Unterschiede zunächst eine Erklärung finden. Von den anästhetischen
Männern führt eine leicht zu rechtfertigende Analogie zur
ungeheuren Anzahl der frigiden Frauen, deren Liebesverhalten
tatsächlich nicht besser beschrieben oder verstanden werden kann
als durch die Gleichstellung mit der geräuschvolleren psychischen
Impotenz des Mannes.[1]

Wenn wir aber nicht nach einer Erweiterung des Begriffes
der psychischen Impotenz, sondern nach den Abschattungen ihrer
Symptomatologie ausschauen, dann können wir uns der Einsicht
nicht verschließen, daß das Liebesverhalten des Mannes in unserer
heutigen Kulturwelt überhaupt den Typus der psychischen Impotenz an sich trägt. Die zärtliche und die sinnliche Strömung
sind bei den wenigsten unter den Gebildeten gehörig miteinander verschmolzen; fast immer fühlt sich der Mann in seiner
sexuellen Betätigung durch den Respekt vor dem Weibe beengt
und entwickelt seine volle Potenz erst, wenn er ein erniedrigtes
Sexualobjekt vor sich hat, was wiederum durch den Umstand
mitbegründet ist, daß in seine Sexualziele perverse Komponenten
eingehen, die er, am geachteten Weibe zu befriedigen sich nicht
getraut. Einen vollen sexuellen Genuß gewährt es ihm nur, wenn
er sich ohne Rücksicht der Befriedigung hingeben darf, was er
zum Beispiel bei seinem gesitteten Weibe nicht wagt. Daher
rührt dann sein Bedürfnis nach einem erniedrigten Sexualobjekt,
einem Weibe, das ethisch minderwertig ist, dem er ästhetische
Bedenken nicht zuzutrauen braucht, das ihn nicht in seinen
anderen Lebensbeziehungen kennt und beurteilen kann. Einem
solchen Weibe widmet er am liebsten seine sexuelle Kraft, auch
wenn seine Zärtlichkeit durchaus einem höherstehenden gehört.
Möglicherweise ist auch die so häufig zu beobachtende Neigung
von Männern der höchsten Gesellschaftsklassen, ein Weib aus

---

1) Wobei gerne zugestanden sein soll, daß die Frigidität der Frau ein komplexes,
auch von anderer Seite her zugängliches Thema ist.

niederem Stande zur dauernden Geliebten oder selbst zur Ehefrau zu wählen, nichts anderes als die Folge des Bedürfnisses nach dem erniedrigten Sexualobjekt, mit welchem psychologisch die Möglichkeit der vollen Befriedigung verknüpft ist.

Ich stehe nicht an, die beiden bei der echten psychischen Impotenz wirksamen Momente, die intensive inzestuöse Fixierung der Kindheit und die reale Versagung der Jünglingszeit auch für dies so häufige Verhalten der kulturellen Männer im Liebesleben verantwortlich zu machen. Es klingt wenig anmutend und überdies paradox, aber es muß doch gesagt werden, daß, wer im Liebesleben wirklich frei und damit auch glücklich werden soll, den Respekt vor dem Weibe überwunden, sich mit der Vorstellung des Inzests mit Mutter oder Schwester befreundet haben muß. Wer sich dieser Anforderung gegenüber einer ernsthaften Selbstprüfung unterwirft, wird ohne Zweifel in sich finden, daß er den Sexualakt im Grunde doch als etwas Erniedrigendes beurteilt, was nicht nur leiblich befleckt und verunreinigt. Die Entstehung dieser Wertung, die er sich gewiß nicht gerne bekennt, wird er nur in jener Zeit seiner Jugend suchen können, in welcher seine sinnliche Strömung bereits stark entwickelt, ihre Befriedigung aber am fremden Objekt fast ebenso verboten war wie die am inzestuösen.

Die Frauen stehen in unserer Kulturwelt unter einer ähnlichen Nachwirkung ihrer Erziehung und überdies unter der Rückwirkung des Verhaltens der Männer. Es ist für sie natürlich ebensowenig günstig, wenn ihnen der Mann nicht mit seiner vollen Potenz entgegentritt, wie wenn die anfängliche Überschätzung der Verliebtheit nach der Besitzergreifung von Geringschätzung abgelöst wird. Von einem Bedürfnis nach Erniedrigung des Sexualobjekts ist bei der Frau wenig zu bemerken; im Zusammenhange damit steht es gewiß, wenn sie auch etwas der Sexualüberschätzung beim Manne Ähnliches in der Regel nicht zustande bringt. Die lange Abhaltung von der Sexualität und das Ver-

weilen der Sinnlichkeit in der Phantasie hat für sie aber eine
andere bedeutsame Folge. Sie kann dann oft die Verknüpfung der
sinnlichen Betätigung mit dem Verbot nicht mehr auflösen und
erweist sich als psychisch impotent, d. h. frigid, wenn ihr solche
Betätigung endlich gestattet wird. Daher rührt bei vielen Frauen
das Bestreben, das Geheimnis noch bei erlaubten Beziehungen
eine Weile festzuhalten, bei anderen die Fähigkeit normal zu
empfinden, sobald die Bedingung des Verbots in einem geheimen
Liebesverhältnis wiederhergestellt ist; dem Manne untreu, sind sie
imstande, dem Liebhaber eine Treue zweiter Ordnung zu bewahren.

Ich meine, die Bedingung des Verbotenen im weiblichen Liebesleben ist dem Bedürfnis nach Erniedrigung des Sexualobjekts
beim Manne gleichzustellen. Beide sind Folgen des langen Auf-
schubes zwischen Geschlechtsreife und Sexualbetätigung, den die
Erziehung aus kulturellen Gründen fordert. Beide suchen die psychische Impotenz aufzuheben, welche aus dem Nichtzusammentreffen zärtlicher und sinnlicher Regungen resultiert. Wenn der
Erfolg der nämlichen Ursachen beim Weibe so sehr verschieden
von dem beim Manne ausfällt, so läßt sich dies vielleicht auf
einen anderen Unterschied im Verhalten der beiden Geschlechter
zurückführen. Das kulturelle Weib pflegt das Verbot der Sexualbetätigung während der Wartezeit nicht zu überschreiten und
erwirbt so die innige Verknüpfung zwischen Verbot und Sexualität. Der Mann durchbricht zumeist dieses Verbot unter der
Bedingung der Erniedrigung des Objekts und nimmt daher diese
Bedingung in sein späteres Liebesleben mit.

Angesichts ⸱der in der heutigen Kulturwelt so lebhaften
Bestrebungen nach einer Reform des Sexuallebens, ist es nicht
überflüssig, daran zu erinnern, daß die psychoanalytische Forschung
Tendenzen so wenig kennt wie irgendeine andere. Sie will
nichts anderes als Zusammenhänge aufdecken, indem sie Offen-
kundiges auf Verborgenes zurückführt. Es soll ihr dann recht
sein, wenn die Reformen sich ihrer Ermittlungen bedienen, um

Vorteilhafteres an Stelle des Schädlichen zu setzen. Sie kann aber nicht vorhersagen, ob andere Institutionen nicht andere, vielleicht schwerere Opfer zur Folge haben müßten.

3

Die Tatsache, daß die kulturelle Zügelung des Liebeslebens eine allgemeinste Erniedrigung der Sexualobjekte mit sich bringt, mag uns veranlassen, unseren Blick von den Objekten weg auf die Triebe selbst zu lenken. Der Schaden der anfänglichen Versagung des Sexualgenusses äußert sich darin, daß dessen spätere Freigebung in der Ehe nicht mehr voll befriedigend wirkt. Aber auch die uneingeschränkte Sexualfreiheit von Anfang an führt zu keinem besseren Ergebnis. Es ist leicht festzustellen, daß der psychische Wert des Liebesbedürfnisses sofort sinkt, sobald ihm die Befriedigung bequem gemacht wird. Es bedarf eines Hindernisses, um die Libido in die Höhe zu treiben, und wo die natürlichen Widerstände gegen die Befriedigung nicht ausreichen, haben die Menschen zu allen Zeiten konventionelle eingeschaltet, um die Liebe genießen zu können. Dies gilt für Individuen wie für Völker. In Zeiten, in denen die Liebesbefriedigung keine Schwierigkeiten fand, wie etwa während des Niederganges der antiken Kultur, wurde die Liebe wertlos, das Leben leer, und es bedurfte starker Reaktionsbildungen, um die unentbehrlichen Affektwerte wieder herzustellen. In diesem Zusammenhange kann man behaupten, daß die asketische Strömung des Christentums für die Liebe psychische Wertungen geschaffen hat, die ihr das heidnische Altertum nie verleihen konnte. Zur höchsten Bedeutung gelangte sie bei den asketischen Mönchen, deren Leben fast allein von dem Kampfe gegen die libidinöse Versuchung ausgefüllt war.

Man ist gewiß zunächst geneigt, die Schwierigkeiten, die sich hier ergeben, auf allgemeine Eigenschaften unserer organischen Triebe zurückzuführen. Es ist gewiß auch allgemein richtig, daß die psychische Bedeutung eines Triebes mit seiner Versagung steigt. Man versuche es, eine Anzahl der allerdifferenziertesten Menschen gleichmäßig dem Hungern auszusetzen. Mit der Zunahme des gebieterischen Nahrungsbedürfnisses werden alle individuellen Differenzen sich verwischen und an ihrer Statt die uniformen Äußerungen des einen ungestillten Triebes auftreten. Aber trifft es auch zu, daß mit der Befriedigung eines Triebes sein psychischer Wert allgemein so sehr herabsinkt? Man denke z. B. an das Verhältnis des Trinkers zum Wein. Ist es nicht richtig, daß dem Trinker der Wein immer die gleiche toxische Befriedigung bietet, die man mit der erotischen so oft in der Poesie verglichen hat und auch vom Standpunkte der wissenschaftlichen Auffassung vergleichen darf? Hat man je davon gehört, daß der Trinker genötigt ist, sein Getränk beständig zu wechseln, weil ihm das gleichbleibende bald nicht mehr schmeckt? Im Gegenteil, die Gewöhnung knüpft das Band zwischen dem Manne und der Sorte Wein, die er trinkt, immer enger. Kennt man beim Trinker ein Bedürfnis in ein Land zu gehen, in dem der Wein teurer oder der Weingenuß verboten ist, um seiner sinkenden Befriedigung durch die Einschiebung solcher Erschwerungen aufzuhelfen? Nichts von alldem. Wenn man die Äußerungen unserer großen Alkoholiker, z. B. Böcklins, über ihr Verhältnis zum Wein anhört,[1] es klingt wie die reinste Harmonie, ein Vorbild einer glücklichen Ehe. Warum ist das Verhältnis des Liebenden zu seinem Sexualobjekt so sehr anders?

Ich glaube, man müßte sich, so befremdend es auch klingt, mit der Möglichkeit beschäftigen, daß etwas in der Natur des Sexualtriebes selbst dem Zustandekommen der vollen Befriedigung nicht günstig ist. Aus der langen und schwierigen Entwicklungsgeschichte des Triebes heben sich sofort zwei Momente hervor, die man für solche Schwierigkeit verantwortlich machen könnte. Erstens ist infolge des zweimaligen Ansatzes zur Objektwahl mit

[1] G. Floerke: Zehn Jahre mit Böcklin. 2. Aufl. 1902, S. 16.

Dazwischenkunft der Inzestschranke das endgültige Objekt des Sexualtriebes nie mehr das ursprüngliche, sondern nur ein Surrogat dafür. Die Psychoanalyse hat uns aber gelehrt: wenn das ursprüngliche Objekt einer Wunschregung infolge von Verdrängung verloren gegangen ist, so wird es häufig durch eine unendliche Reihe von Ersatzobjekten vertreten, von denen doch keines voll genügt. Dies mag uns die Unbeständigkeit in der Objektwahl, den „Reizhunger" erklären, der dem Liebesleben der Erwachsenen so häufig eignet.

Zweitens wissen wir, daß der Sexualtrieb anfänglich in eine große Reihe von Komponenten zerfällt, — vielmehr aus einer solchen hervorgeht, — von denen nicht alle in dessen spätere Gestaltung aufgenommen werden können, sondern vorher unterdrückt oder anders verwendet werden müssen. Es sind vor allem die koprophilen Triebanteile, die sich als unverträglich mit unserer ästhetischen Kultur erwiesen, wahrscheinlich, seitdem wir durch den aufrechten Gang unser Riechorgan von der Erde abgehoben haben; ferner ein gutes Stück der sadistischen Antriebe, die zum Liebesleben gehören. Aber alle solche Entwicklungsvorgänge betreffen nur die oberen Schichten der komplizierten Struktur. Die fundamentellen Vorgänge, welche die Liebeserregung liefern, bleiben ungeändert. Das Exkrementelle ist allzu innig und untrennbar mit dem Sexuellen verwachsen, die Lage der Genitalien — inter urinas et faeces — bleibt das bestimmende unveränderliche Moment. Man könnte hier, ein bekanntes Wort des großen Napoleon variierend, sagen: die Anatomie ist das Schicksal. Die Genitalien selbst haben die Entwicklung der menschlichen Körperformen zur Schönheit nicht mitgemacht, sie sind tierisch geblieben, und so ist auch die Liebe im Grunde heute ebenso animalisch, wie sie es von jeher war. Die Liebestriebe sind schwer erziehbar, ihre Erziehung ergibt bald zu viel, bald zu wenig. Das, was die Kultur aus ihr machen will, scheint ohne fühlbare Einbuße an Lust nicht erreichbar, die Fortdauer

der unverwerteten Regungen gibt sich bei der Sexualtätigkeit als
Unbefriedigung zu erkennen.

So müßte man sich denn vielleicht mit dem Gedanken
befreunden, daß eine Ausgleichung der Ansprüche des Sexualtriebes mit den Anforderungen der Kultur überhaupt nicht
möglich ist, daß Verzicht und Leiden sowie in weitester Ferne
die Gefahr des Erlöschens des Menschengeschlechts infolge seiner
Kulturentwicklung nicht abgewendet werden können. Diese trübe
Prognose ruht allerdings auf der einzigen Vermutung, daß die
kulturelle Unbefriedigung die notwendige Folge gewisser
Besonderheiten ist, welche der Sexualtrieb unter dem Drucke der
Kultur angenommen hat. Die nämliche Unfähigkeit des Sexualtriebes, volle Befriedigung zu ergeben, sobald er den ersten
Anforderungen der Kultur unterlegen ist, wird aber zur Quelle
der großartigsten Kulturleistungen, welche durch immer weiter
gehende Sublimierung seiner Triebkomponenten bewerkstelligt
werden. Denn welches Motiv hätten die Menschen, sexuelle
Triebkräfte anderen Verwendungen zuzuführen, wenn sich aus
denselben bei irgendeiner Verteilung volle Lustbefriedigung
ergeben hätte? Sie kämen von dieser Lust nicht wieder los und
brächten keinen weiteren Fortschritt zustande. So scheint es,
daß sie durch die unausgleichbare Differenz zwischen den
Anforderungen der beiden Triebe — des sexuellen und des
egoistischen — zu immer höheren Leistungen befähigt werden,
allerdings unter einer beständigen Gefährdung, welcher die
Schwächeren gegenwärtig in der Form der Neurose erliegen.

Die Wissenschaft hat weder die Absicht zu schrecken noch zu
trösten. Aber ich bin selbst gern bereit zuzugeben, daß so weit-
tragende Schlußfolgerungen, wie die obenstehenden, auf breiterer
Basis aufgebaut sein sollten, und daß vielleicht andere Entwicklungs-
einrichtungen der Menschheit das Ergebnis der hier isoliert
behandelten zu korrigieren vermögen.

III

DAS TABU DER VIRGINITÄT

Wenige Einzelheiten des Sexuallebens primitiver Völker wirken so befremdend auf unser Gefühl wie deren Einschätzung der Virginität, der weiblichen Unberührtheit. Uns erscheint die Wertschätzung der Virginität von seiten des werbenden Mannes so feststehend und selbstverständlich, daß wir beinahe in Verlegenheit geraten, wenn wir dieses Urteil begründen sollen. Die Forderung, das Mädchen dürfe in die Ehe mit dem einen Manne nicht die Erinnerung an Sexualverkehr mit einem anderen mitbringen, ist ja nichts anderes als die konsequente Fortführung des ausschließlichen Besitzrechtes auf ein Weib, welches das Wesen der Monogamie ausmacht, die Erstreckung dieses Monopols auf die Vergangenheit.

Es fällt uns dann nicht schwer, was zuerst ein Vorurteil zu sein schien, aus unseren Meinungen über das Liebesleben des Weibes zu rechtfertigen. Wer zuerst die durch lange Zeit mühselig zurückgehaltene Liebessehnsucht der Jungfrau befriedigt und dabei die Widerstände überwunden hat, die in ihr durch die Einflüsse von Milieu und Erziehung aufgebaut waren, der wird von ihr in ein dauerndes Verhältnis gezogen, dessen Möglichkeit sich keinem anderen mehr eröffnet. Auf Grund dieses Erlebnisses stellt sich bei der Frau ein Zustand von Hörigkeit her, der die ungestörte Fortdauer ihres Besitzes verbürgt und sie widerstandsfähig macht gegen neue Eindrücke und fremde Versuchungen.

Den Ausdruck „geschlechtliche Hörigkeit" hat 1892 v. Krafft-Ebing[1] zur Bezeichnung der Tatsache gewählt, daß eine Person einen ungewöhnlich hohen Grad von Abhängigkeit und Unselbständigkeit gegen eine andere Person erwerben kann, mit welcher sie im Sexualverkehr steht. Diese Hörigkeit kann gelegentlich sehr weit gehen, bis zum Verlust jedes selbständigen Willens und bis zur Erduldung der schwersten Opfer am eigenen Interesse; der Autor hat aber nicht versäumt zu bemerken, daß ein gewisses Maß solcher Abhängigkeit „durchaus notwendig ist, wenn die Verbindung einige Dauer haben soll." Ein solches Maß von sexueller Hörigkeit ist in der Tat unentbehrlich zur Aufrechterhaltung der kulturellen Ehe und zur Hintanhaltung der sie bedrohenden polygamen Tendenzen, und in unserer sozialen Gemeinschaft wird dieser Faktor regelmäßig in Anrechnung gebracht.

Ein „ungewöhnlicher Grad von Verliebtheit und Charakterschwäche" einerseits, uneingeschränkter Egoismus beim anderen Teil, aus diesem Zusammentreffen leitet v. Krafft-Ebing die Entstehung der sexuellen Hörigkeit ab. Analytische Erfahrungen gestatten es aber nicht, sich mit diesem einfachen Erklärungsversuch zu begnügen. Man kann vielmehr erkennen, daß die Größe des überwundenen Sexualwiderstandes das entscheidende Moment ist, dazu die Konzentration und Einmaligkeit des Vorganges der Überwindung. Die Hörigkeit ist demgemäß ungleich häufiger und intensiver beim Weibe als beim Manne, bei letzterem aber in unseren Zeiten immerhin häufiger als in der Antike. Wo wir die sexuelle Hörigkeit bei Männern studieren konnten, erwies sie sich als Erfolg der Überwindung einer psychischen Impotenz durch ein bestimmtes Weib, an welches der betreffende Mann von da an gebunden blieb. Viele auffällige Eheschließungen und manches tragische Schicksal — selbst von

---

1) v. Krafft-Ebing: Bemerkungen über „geschlechtliche Hörigkeit" und Masochismus. (Jahrbücher für Psychiatrie, X. Bd., 1892.)

weitreichendem Belange — scheint in diesem Hergange seine
Aufklärung zu finden.

Das nun zu erwähnende Verhalten primitiver Völker beschreibt
man nicht richtig, wenn man aussagt, sie legten keinen Wert
auf die Virginität, und zum Beweise dafür vorbringt, daß sie die
Defloration der Mädchen außerhalb der Ehe und vor dem ersten
ehelichen Verkehre vollziehen lassen. Es scheint im Gegenteile,
daß auch für sie die Defloration ein bedeutungsvoller Akt ist,
aber sie ist Gegenstand eines Tabu, eines religiös zu nennenden
Verbotes, geworden. Anstatt sie dem Bräutigam und späteren
Ehegatten des Mädchens vorzubehalten, fordert die Sitte, daß
d i e s e r   e i n e r   s o l c h e n   L e i s t u n g   a u s w e i c h e.[1]

Es liegt nicht in meiner Absicht, die literarischen Zeugnisse
für den Bestand dieses Sittenverbotes vollständig zu sammeln,
die geographische Verbreitung desselben zu verfolgen und alle
Formen, in denen es sich äußert, aufzuzählen. Ich begnüge mich
also mit der Feststellung, daß eine solche, außerhalb der späteren
Ehe fallende Beseitigung des Hymens bei den heute lebenden
primitiven Völkern etwas sehr Verbreitetes ist. So äußert
C r a w l e y:[2] *This marriage ceremony consists in perforation of
the hymen by some appointed person other than the husband;
it is most common in the lowest stages of culture, especially in
Australia.*

Wenn aber die Defloration nicht durch den ersten ehelichen
Verkehr erfolgen soll, so muß sie vorher - auf irgendeine
Weise und von irgendwelcher Seite — vorgenommen worden
sein. Ich werde einige Stellen aus C r a w l e y s obenerwähntem
Buche anführen, welche über diese Punkte Auskunft geben, die
uns aber auch zu einigen kritischen Bemerkungen berechtigen.

---

1) C r a w l e y: The mystic rose, a study of primitive marriage, London 1902;
B a r t e l s - P l o ß: Das Weib in der Natur- und Völkerkunde, 1891; verschiedene
Stellen in F r a z e r: Taboo and the perils of the soul, und H a v e l o c k E l l i s
Studies in the psychology of sex.
2) l. c. p. 547.

S. 191: „Bei den Dieri und einigen Nachbarstämmen (in Australien) ist es allgemeiner Brauch, das Hymen zu zerstören, wenn das Mädchen die Pubertät erreicht hat. Bei den Portland- und Glenelg-Stämmen fällt es einer alten Frau zu, dies bei der Braut zu tun, und mitunter werden auch weiße Männer in solcher Absicht aufgefordert, Mädchen zu entjungfern.[1]

S. 307: „Die absichtliche Zerreißung des Hymens wird manchmal in der Kindheit, gewöhnlich aber zur Zeit der Pubertät ausgeführt ... Sie wird oft — wie in Australien — mit einem offiziellen Begattungsakte kombiniert.[2]

S. 348: (Von australischen Stämmen, bei denen die bekannten exogamischen Heiratsbeschränkungen bestehen, nach Mitteilung von Spencer und Gillen): „Das Hymen wird künstlich durchbohrt, und die Männer, die bei dieser Operation zugegen waren, führen dann in festgesetzter Reihenfolge einen (wohlgemerkt: zeremoniellen) Koitus mit dem Mädchen aus.. Der ganze Vorgang hat sozusagen zwei Akte: Die Zerstörung des Hymens und darauf den Geschlechtsverkehr."[3]

S. 349: „Bei den Masai (im äquatorialen Afrika) gehört die Vornahme dieser Operation zu den wichtigsten Vorbereitungen für die Ehe. Bei den Sakais (Malaien), den Battas (Sumatra) und den Alfoers auf Celebes wird die Defloration vom Vater der Braut ausgeführt. Auf den Philippinen gab es bestimmte Männer, die den Beruf hatten, Bräute zu deflorieren, falls das Hymen nicht schon in der Kindheit von einer dazu beauftragten alten Frau zerstört worden war. Bei einigen Eskimostämmen wurde

---

1) *„Thus in the Dieri and neighbouring tribes it is the universal custom when a girl reaches puberty to rupture the hymen."* (Journ. Anthrop. Inst., XXIV, 169.) *In the Portland and Glenelg tribes this is done to the bride by an old woman; and sometimes white men are asked for this reason to deflower maidens.* (Brough Smith, op. cit., II, 319.)

2) *The artificial rupture of the hymen sometimes takes place in infancy, but generally at puberty .. It is often combined, as in Australia, with a ceremonial act of intercourse.*

3) *The hymen is artificially perforated, and then assisting men have access (ceremonial, be it observed) to the girl in a stated order ... The act is in two parts, perforation and intercourse.*

die Entjungferung der Braut dem A n g e k o k oder Priester überlassen.“¹

Die Bemerkungen, die ich angekündigt habe, beziehen sich auf
zwei Punkte. Es ist erstens zu bedauern, daß in diesen Angaben
nicht sorgfältiger zwischen der bloßen Zerstörung des Hymens
ohne Koitus und dem Koitus zum Zwecke solcher Zerstörung
unterschieden wird. Nur an einer Stelle hörten wir ausdrücklich,
daß der Vorgang sich in zwei Akte zerlegt, in die (manuelle
oder instrumentale) Defloration und den darauffolgenden
Geschlechtsakt. Das sonst sehr reichliche Material bei B a r t e l s -
P l o ß wird für unsere Zwecke nahezu unbrauchbar, weil in dieser
Darstellung die psychologische Bedeutsamkeit des Deflorations-
aktes gegen dessen anatomischen Erfolg völlig verschwindet.
Zweitens möchte man gerne darüber belehrt werden, wodurch
sich der „zeremonielle“ (rein formale, feierliche, offizielle) Koitus
bei diesen Gelegenheiten vom regelrechten Geschlechtsverkehr
unterscheidet. Die Autoren, zu denen ich Zugang hatte, waren
entweder zu schämig, sich darüber zu äußern, oder haben wiederum
die psychologische Bedeutung solcher sexueller Details unterschätzt.
Wir können hoffen, daß die Originalberichte der Reisenden und
Missionäre ausführlicher und unzweideutiger sind, aber bei der
heutigen Unzugänglichkeit dieser meist fremdländischen Literatur
kann ich nichts Sicheres darüber sagen. Übrigens darf man sich
über die Zweifel in diesem zweiten Punkte mit der Erwägung
hinwegsetzen, daß ein zeremonieller Scheinkoitus doch nur den
Ersatz und vielleicht die Ablösung für einen in früheren Zeiten
voll ausgeführten darstellen würde.²

---

1) *An important preliminary of marriage amongst the Masai is the performance of this
operation on the girl.* (J. Thomson, op. cit. 258.) *This defloration is performed by the
father of the bride amongst the Sakais, Battas, and Alfoers of Celebes.* (Ploß u. Bartels, op.
cit. II, 490.) *In the Philippines there were certain men whose profession it was to deflower
brides, in case the hymen had not been ruptured in childhood by an old woman who was
sometimes employed for this.* (Featherman, op. cit. II, 474.) *The defloration of the bride
was amongst some Eskimo tribes entrusted to the angekok, or priest.* (id. III, 406.)

2) Für zahlreiche andere Fälle von Hochzeitszeremoniell leidet es keinen Zweifel,
daß anderen Personen als dem Bräutigam, z. B. den Gehilfen und Gefährten desselben

Zur Erklärung dieses Tabu der Virginität kann man verschiedenartige Momente heranziehen, die ich in flüchtiger Darstellung würdigen will. Bei der Defloration der Mädchen wird in der Regel Blut vergossen; der erste Erklärungsversuch beruft sich denn auch auf die Blutscheu der Primitiven, die das Blut für den Sitz des Lebens halten. Dieses Bluttabu ist durch vielfache Vorschriften, die mit der Sexualität nichts zu tun haben, erwiesen, es hängt offenbar mit dem Verbote, nicht zu morden, zusammen und bildet eine Schutzwehr gegen den ursprünglichen Blutdurst, die Mordlust des Urmenschen. Bei dieser Auffassung wird das Tabu der Virginität mit dem fast ausnahmslos eingehaltenen Tabu der Menstruation zusammengebracht. Der Primitive kann das rätselhafte Phänomen des blutigen Monatsflusses nicht von sadistischen Vorstellungen ferne halten. Die Menstruation, zumal die erste, deutet er als den Biß eines geisterhaften Tieres, vielleicht als Zeichen des sexuellen Verkehrs mit diesem Geist. Gelegentlich gestattet ein Bericht, diesen Geist als den eines Ahnen zu erkennen, und dann verstehen wir in Anlehnung an andere Einsichten,[1] daß das menstruierende Mädchen als Eigentum dieses Ahnengeistes tabu ist.

Von anderer Seite werden wir aber gewarnt, den Einfluß eines Moments wie die Blutscheu nicht zu überschätzen. Diese hat es doch nicht vermocht, Gebräuche wie die Beschneidung der Knaben und die noch grausamere der Mädchen (Exzision der Klitoris und der kleinen Labien), die zum Teile bei den nämlichen Völkern geübt werden, zu unterdrücken oder die Geltung von anderem Zeremoniell, bei dem Blut vergossen wird, aufzuheben. Es wäre also auch nicht zu verwundern, wenn sie bei der ersten Kohabitation zugunsten des Ehemannes überwunden würde.

(den „Kranzelherren" unserer Sitte) die sexuelle Verfügung über die Braut voll eingeräumt wird.

1) Siehe Totem und Tabu, 1913.

Eine zweite Erklärung sieht gleichfalls vom Sexuellen ab, greift aber viel weiter ins Allgemeine aus. Sie führt an, daß der Primitive die Beute einer beständig lauernden Angstbereitschaft ist, ganz ähnlich, wie wir es in der psychoanalytischen Neurosenlehre vom Angstneurotiker behaupten. Diese Angstbereitschaft wird sich am stärksten bei allen Gelegenheiten zeigen, die irgendwie vom Gewohnten abweichen, die etwas Neues, Unerwartetes, Unverstandenes, Unheimliches mit sich bringen. Daher stammt auch das weit in die späteren Religionen hineinreichende Zeremoniell, das mit dem Beginne jeder neuen Verrichtung, dem Anfange jedes Zeitabschnittes, dem Erstlingsertrag von Mensch, Tier und Frucht verknüpft ist. Die Gefahren, von denen sich der Ängstliche bedroht glaubt, treten niemals stärker in seiner Erwartung auf als zu Beginn der gefahrvollen Situation, und dann ist es auch allein zweckmäßig, sich gegen sie zu schützen. Der erste Sexualverkehr in der Ehe hat nach seiner Bedeutung gewiß einen Anspruch darauf, von diesen Vorsichtsmaßregeln eingeleitet zu werden. Die beiden Erklärungsversuche, der aus der Blutscheu und der aus der Erstlingsangst, widersprechen einander nicht, verstärken einander vielmehr. Der erste Sexualverkehr ist gewiß ein bedenklicher Akt, um so mehr, wenn bei ihm Blut fließen muß.

Eine dritte Erklärung — es ist die von C r a w l e y bevorzugte — macht darauf aufmerksam, daß das Tabu der Virginität in einen großen, das ganze Sexualleben umfassenden Zusammenhang gehört. Nicht nur der erste Koitus mit dem Weibe ist tabu, sondern der Sexualverkehr überhaupt; beinahe könnte man sagen, das Weib sei im ganzen tabu. Das Weib ist nicht nur tabu in den besonderen, aus seinem Geschlechtsleben abfolgenden Situationen der Menstruation, der Schwangerschaft, der Entbindung und des Kindbettes, auch außerhalb derselben unterliegt der Verkehr mit dem Weibe so ernsthaften und so reichlichen Einschränkungen, daß wir allen Grund haben, die angebliche Sexualfreiheit der

Wilden zu bezweifeln. Es ist richtig, daß die Sexualität der Primitiven bei bestimmten Anlässen sich über alle Hemmungen hinaussetzt; gewöhnlich aber scheint sie stärker durch Verbote eingeschnürt als auf höheren Kulturstufen. Sowie der Mann etwas Besonderes unternimmt, eine Expedition, eine Jagd, einen Kriegszug, muß er sich vom Weibe, zumal vom Sexualverkehr mit dem Weibe fernhalten; es würde sonst seine Kraft lähmen und ihm Mißerfolg bringen. Auch in den Gebräuchen des täglichen Lebens ist ein Streben nach dem Auseinanderhalten der Geschlechter unverkennbar. Weiber leben mit Weibern, Männer mit Männern zusammen; ein Familienleben in unserem Sinne soll es bei vielen primitiven Stämmen kaum geben. Die Trennung geht mitunter so weit, daß das eine Geschlecht die persönlichen Namen des anderen Geschlechts nicht aussprechen darf, daß die Frauen eine Sprache mit besonderem Wortschatze entwickeln. Das sexuelle Bedürfnis darf diese Trennungsschranken immer wieder von neuem durchbrechen, aber bei manchen Stämmen müssen selbst die Zusammenkünfte der Ehegatten außerhalb des Hauses und im Geheimen stattfinden.

Wo der Primitive ein Tabu hingesetzt hat, da fürchtet er eine Gefahr, und es ist nicht abzuweisen, daß sich in all diesen Vermeidungsvorschriften eine prinzipielle Scheu vor dem Weibe äußert. Vielleicht ist diese Scheu darin begründet, daß das Weib anders ist als der Mann, ewig unverständlich und geheimnisvoll, fremdartig und darum feindselig erscheint. Der Mann fürchtet, vom Weibe geschwächt, mit dessen Weiblichkeit angesteckt zu werden und sich dann untüchtig zu zeigen. Die erschlaffende, Spannungen lösende Wirkung des Koitus mag für diese Befürchtung vorbildlich sein, und die Wahrnehmung des Einflusses, den das Weib durch den Geschlechtsverkehr auf den Mann gewinnt, die Rücksicht, die es sich dadurch erzwingt, die Ausbreitung dieser Angst rechtfertigen. An all dem ist nichts, was veraltet wäre, was nicht unter uns weiter lebte.

Viele Beobachter der heute lebenden Primitiven haben das Urteil gefällt, daß deren Liebesstreben verhältnismäßig schwach sei und niemals die Intensitäten erreiche, die wir bei der Kulturmenschheit zu finden gewohnt sind. Andere haben dieser Schätzung widersprochen, aber jedenfalls zeugen die aufgezählten Tabugebräuche von der Existenz einer Macht, die sich der Liebe widersetzt, indem sie das Weib als fremd und feindselig ablehnt.

In Ausdrücken, welche sich nur wenig von der gebräuchlichen Terminologie der Psychoanalyse unterscheiden, legt C r a w l e y dar, daß jedes Individuum sich durch ein *„taboo of personal isolation"* von den anderen absondert, und daß gerade die kleinen Unterschiede bei sonstiger Ähnlichkeit die Gefühle von Fremdheit und Feindseligkeit zwischen ihnen begründen. Es wäre verlockend, dieser Idee nachzugehen und aus diesem „Narzißmus der kleinen Unterschiede" die Feindseligkeit abzuleiten, die wir in allen menschlichen Beziehungen erfolgreich gegen die Gefühle von Zusammengehörigkeit streiten und das Gebot der allgemeinen Menschenliebe überwältigen sehen. Von der Begründung der narzißtischen, reichlich mit Geringschätzung versetzten Ablehnung des Weibes durch den Mann glaubt die Psychoanalyse ein Hauptstück erraten zu haben, indem sie auf den Kastrationskomplex und dessen Einfluß auf die Beurteilung des Weibes verweist.

Wir merken indes, daß wir mit diesen letzten Erwägungen weit über unser Thema hinausgegriffen haben. Das allgemeine Tabu des Weibes wirft kein Licht auf die besonderen Vorschriften für den ersten Sexualakt mit dem jungfräulichen Individuum. Hier bleiben wir auf die beiden ersten Erklärungen der Blutscheu und der Erstlingsscheu angewiesen, und selbst von diesen müßten wir aussagen, daß sie den Kern des in Rede stehenden Tabugebotes nicht treffen. Diesem liegt ganz offenbar die Absicht zugrunde, g e r a d e d e m s p ä t e r e n E h e m a n n e e t w a s z u

versagen oder zu ersparen, was von dem ersten Sexualakt nicht loszulösen ist, wiewohl sich nach unserer eingangs
gemachten Bemerkung von dieser selben Beziehung eine besondere
Bindung des Weibes an diesen einen Mann ableiten müßte.

Es ist diesmal nicht unsere Aufgabe, die Herkunft und letzte
Bedeutung der Tabuvorschriften zu erörtern. Ich habe dies in
meinem Buche „Totem und Tabu" getan, dort die Bedingung
einer ursprünglichen Ambivalenz für das Tabu gewürdigt und
die Entstehung desselben aus den vorzeitlichen Vorgängen ver-
fochten, welche zur Gründung der menschlichen Familie geführt
haben. Aus den heute beobachteten Tabugebräuchen der Primitiven
läßt sich eine solche Vorbedeutung nicht mehr erkennen. Wir
vergessen bei solcher Forderung allzu leicht, daß auch die primi-
tivsten Völker in einer von der urzeitlichen weit entfernten
Kultur leben, die zeitlich ebenso alt ist wie die unsrige, und
gleichfalls einer späteren, wenn auch andersartigen Entwicklungs-
stufe entspricht.

Wir finden heute das Tabu bei den Primitiven bereits zu
einem kunstvollen System ausgesponnen, ganz wie es unsere
Neurotiker in ihren Phobien entwickeln, und alte Motive durch
neuere, harmonisch zusammenstimmende, ersetzt. Mit Hinweg-
setzung über jene genetischen Probleme wollen wir darum auf
die Einsicht zurückgreifen, daß der Primitive dort ein Tabu
anbringt, wo er eine Gefahr befürchtet. Diese Gefahr ist, allgemein
gefaßt, eine psychische, denn der Primitive ist nicht dazu gedrängt,
hier zwei Unterscheidungen vorzunehmen, die uns als unaus-
weichlich erscheinen. Er sondert die materielle Gefahr nicht von
der psychischen und die reale nicht von der imaginären. In seiner
konsequent durchgeführten animistischen Weltauffassung stammt
ja jede Gefahr aus der feindseligen Absicht eines gleich ihm
beseelten Wesens, sowohl die Gefahr, die von einer Naturkraft
droht, wie die von anderen Menschen oder Tieren. Anderseits
aber ist er gewohnt, seine eigenen inneren Regungen von Feind-

seligkeit in die Außenwelt zu projizieren, sie also den Objekten, die er als unliebsam oder auch nur als fremd empfindet, zuzuschieben. Als Quelle solcher Gefahren wird nun auch das Weib erkannt und der erste Sexualakt mit dem Weibe als eine besonders intensive Gefahr ausgezeichnet.

Ich glaube nun, wir werden einigen Aufschluß darüber erhalten, welches diese gesteigerte Gefahr ist, und warum sie gerade den späteren Ehemann bedroht, wenn wir das Verhalten der heute lebenden Frauen unserer Kulturstufe unter den gleichen Verhältnissen genauer untersuchen. Ich stelle als das Ergebnis dieser Untersuchung voran, daß eine solche Gefahr wirklich besteht, so daß der Primitive sich mit dem Tabu der Virginität gegen eine richtig geahnte, wenn auch psychische Gefahr verteidigt.

Wir schätzen es als die normale Reaktion ein, daß die Frau nach dem Koitus auf der Höhe der Befriedigung den Mann umarmend an sich preßt, sehen darin einen Ausdruck ihrer Dankbarkeit und eine Zusage dauernder Hörigkeit. Wir wissen aber, es ist keineswegs die Regel, daß auch der erste Verkehr dies Benehmen zur Folge hätte; sehr häufig bedeutet er bloß eine Enttäuschung für das Weib, das kühl und unbefriedigt bleibt, und es bedarf gewöhnlich längerer Zeit und häufigerer Wiederholung des Sexualaktes, bis sich bei diesem die Befriedigung auch für das Weib einstellt. Von diesen Fällen bloß anfänglicher und bald vorübergehender Frigidität führt eine stetige Reihe bis zu dem unerfreulichen Ergebnis einer stetig anhaltenden Frigidität, die durch keine zärtliche Bemühung des Mannes überwunden wird. Ich glaube, diese Frigidität des Weibes ist noch nicht genügend verstanden und fordert bis auf jene Fälle, die man der ungenügenden Potenz des Mannes zur Last legen muß, die Aufklärung, womöglich durch ihr nahestehende Erscheinungen, heraus.

Die so häufigen Versuche, vor dem ersten Sexualverkehr die Flucht zu ergreifen, möchte ich hier nicht heranziehen, weil sie mehrdeutig und in erster Linie, wenn auch nicht durchaus, als Ausdruck des allgemeinen weiblichen Abwehrbestrebens aufzufassen sind. Dagegen glaube ich, daß gewisse pathologische Fälle ein Licht auf das Rätsel der weiblichen Frigidität werfen, in denen die Frau nach dem ersten, ja nach jedem neuerlichen Verkehr ihre Feindseligkeit gegen den Mann unverhohlen zum Ausdruck bringt, indem sie ihn beschimpft, die Hand gegen ihn erhebt oder ihn tatsächlich schlägt. In einem ausgezeichneten Falle dieser Art, den ich einer eingehenden Analyse unterziehen konnte, geschah dies, obwohl die Frau den Mann sehr liebte, den Koitus selbst zu fordern pflegte und in ihm unverkennbar hohe Befriedigung fand. Ich meine, daß diese sonderbare konträre Reaktion der Erfolg der nämlichen Regungen ist, die sich für gewöhnlich nur als Frigidität äußern können, das heißt imstande sind, die zärtliche Reaktion aufzuhalten, ohne sich dabei selbst zur Geltung zu bringen. In dem pathologischen Falle ist sozusagen in seine beiden Komponenten zerlegt, was sich bei der weit häufigeren Frigidität zu einer Hemmungswirkung vereinigt, ganz ähnlich, wie wir es an den sogenannten „zweizeitigen" Symptomen der Zwangsneurose längst erkannt haben. Die Gefahr, welche so durch die Defloration des Weibes rege gemacht wird, bestünde darin, sich die Feindseligkeit desselben zuzuziehen, und gerade der spätere Ehemann hätte allen Grund, sich solcher Feindschaft zu entziehen.

Die Analyse läßt nun ohne Schwierigkeit erraten, welche Regungen des Weibes am Zustandekommen jenes paradoxen Verhaltens beteiligt sind, in dem ich die Aufklärung der Frigidität zu finden erwarte. Der erste Koitus macht eine Reihe solcher Regungen mobil, die für die erwünschte weibliche Einstellung unverwendbar sind, von denen einige sich auch bei späterem Verkehr nicht zu wiederholen brauchen. In erster Linie wird man hier an den Schmerz denken, welcher der Jungfrau bei der Defloration zugefügt wird, ja vielleicht geneigt sein, dies Moment für entscheidend zu halten und von der Suche nach anderen abzustehen. Man kann aber eine solche Bedeutung nicht gut dem Schmerze zuschreiben, muß vielmehr an seine Stelle die narzißtische Kränkung setzen, die aus der Zerstörung eines Organs erwächst, und die in dem Wissen um die Herabsetzung des sexuellen Wertes der Deflorierten selbst eine rationelle Vertretung findet. Die Hochzeitsgebräuche der Primitiven enthalten aber eine Warnung vor solcher Überschätzung. Wir haben gehört, daß in manchen Fällen das Zeremoniell ein zweizeitiges ist; nach der (mit Hand oder Instrument) durchgeführten Zerreißung des Hymens folgt noch ein offizieller Koitus oder Scheinverkehr mit den Vertretern des Mannes, und dies beweist uns, daß der Sinn der Tabuvorschrift durch die Vermeidung der anatomischen Defloration nicht erfüllt ist, daß dem Ehemann noch etwas anderes erspart werden soll als die Reaktion der Frau auf die schmerzhafte Verletzung.

Wir finden als weiteren Grund für die Enttäuschung durch den ersten Koitus, daß für ihn, beim Kulturweibe wenigstens, Erwartung und Erfüllung nicht zusammenstimmen können. Der Sexualverkehr war bisher aufs stärkste mit dem Verbot assoziiert, der legale und erlaubte Verkehr wird darum nicht als das nämliche empfunden. Wie innig diese Verknüpfung sein kann, erhellt in beinahe komischer Weise aus dem Bestreben so vieler Bräute, die neuen Liebesbeziehungen vor allen Fremden, ja selbst vor den Eltern geheim zu halten, wo eine wirkliche Nötigung dazu nicht besteht und ein Einspruch nicht zu erwarten ist. Die Mädchen sagen es offen, daß ihre Liebe an Wert für sie verliert, wenn andere davon wissen. Gelegentlich kann dies Motiv übermächtig werden und die Entwicklung der Liebesfähigkeit in der Ehe überhaupt verhindern. Die Frau findet ihre zärtliche Empfindlichkeit erst in einem unerlaubten, geheim zu haltenden Verhältnis wieder, wo sie sich allein des eigenen unbeeinflußten Willens sicher weiß.

Indes, auch dieses Motiv führt nicht tief genug; außerdem
läßt es, an Kulturbedingungen gebunden, eine gute Beziehung zu
den Zuständen der Primitiven vermissen. Um so bedeutungsvoller
ist das nächste, auf der Entwicklungsgeschichte der Libido fußende
Moment. Es ist uns durch die Bemühungen der Analyse bekannt
geworden, wie regelmäßig und wie mächtig die frühesten Unter-
bringungen der Libido sind. Es handelt sich dabei um fest-
gehaltene Sexualwünsche der Kindheit, beim Weibe zumeist um
Fixierung der Libido an den Vater oder an den ihn ersetzenden
Bruder, Wünsche, die häufig genug auf anderes als den Koitus
gerichtet waren oder ihn nur als unscharf erkanntes Ziel einschlossen.
Der Ehemann ist sozusagen immer nur ein Ersatzmann, niemals
der Richtige; den ersten Satz auf die Liebesfähigkeit der Frau hat ein
anderer, in typischen Fällen der Vater, er höchstens den zweiten. Es
kommt nun darauf an, wie intensiv diese Fixierung ist und wie zähe
sie festgehalten wird, damit der Ersatzmann als unbefriedigend abge
lehnt werde. Die Frigidität steht somit unter den genetischen Be
dingungen der Neurose. Je mächtiger das psychische Element im
Sexualleben der Frau ist, desto widerstandsfähiger wird sich ihre
Libidoverteilung gegen die Erschütterung des ersten Sexualaktes erweisen, desto weniger überwältigend wird ihre körperliche Besitznahme
wirken können. Die Frigidität mag sich dann als neurotische Hemmung
festsetzen oder den Boden für die Entwicklung anderer Neurosen
abgeben, und auch nur mäßige Herabsetzungen der männlichen
Potenz kommen dabei als Helfer sehr in Betracht.

Dem Motiv des früheren Sexualwunsches scheint die Sitte der
Primitiven Rechnung zu tragen, welche die Defloration einem
Ältesten, Priester, heiligen Mann, also einem Vaterersatz (siehe
oben), überträgt. Von hier aus scheint mir ein gerader Weg
zum vielbestrittenen Ius primae noctis des mittelalterlichen
Gutsherrn zu führen. A. J. S t o r f e r[1] hat dieselbe Auffassung

---

1) Zur Sonderstellung des Vatermordes, 1911. (Schriften zur angewandten Seelenkunde, XII.)

vertreten, überdies die weitverbreitete Institution der „Tobiasehe" (der Sitte der Enthaltsamkeit in den ersten drei Nächten) als eine Anerkennung der Vorrechte des Patriarchen gedeutet, wie vor ihm bereits C. G. J u n g.[1] Es entspricht dann nur unserer Erwartung, wenn wir unter den mit der Defloration betrauten Vatersurrogaten auch das Götterbild finden. In manchen Gegenden von Indien mußte die Neuvermählte das Hymen dem hölzernen Lingam opfern, und nach dem Berichte des heiligen Augustinus bestand im römischen Heiratszeremoniell (seiner Zeit?) dieselbe Sitte mit der Abschwächung, daß sich die junge Frau auf den riesigen Steinphallus des Priapus nur zu setzen brauchte.[2]

In noch tiefere Schichten greift ein anderes Motiv zurück, welches nachweisbar an der paradoxen Reaktion gegen den Mann die Hauptschuld trägt, und dessen Einfluß sich nach meiner Meinung noch in der Frigidität der Frau äußert. Durch den ersten Koitus werden beim Weibe noch andere alte Regungen als die beschriebenen aktiviert, die der weiblichen Funktion und Rolle überhaupt widerstreben.

Wir wissen aus der Analyse vieler neurotischer Frauen, daß sie ein frühes Stadium durchmachen, in dem sie den Bruder um das Zeichen der Männlichkeit beneiden und sich wegen seines Fehlens (eigentlich seiner Verkleinerung) benachteiligt und zurückgesetzt fühlen. Wir ordnen diesen „Penisneid" dem „Kastrationskomplex" ein. Wenn man unter „männlich" das Männlichseinwollen mitversteht, so paßt auf dieses Verhalten die Bezeichnung „männlicher Protest", die Alf. A d l e r geprägt hat, um diesen Faktor zum Träger der Neurose überhaupt zu proklamieren. In dieser Phase machen die Mädchen aus ihrem Neid und der daraus abgeleiteten Feindseligkeit gegen den begünstigten Bruder oft kein Hehl: sie versuchen es auch, aufrechtstehend

---

1) Die Bedeutung des Vaters für das Schicksal des Einzelnen. Jahrbuch für Psychoanalyse, I, 1909.)

2) P l o ß und B a r t e l s: Das Weib I, XII, und D u l a u r e Des Divinités génératrices. Paris 1885 réimprimé sur l'édition de 1825), p. 142 u. fl.

wie der Bruder zu urinieren, um ihre angebliche Gleichberech-
tigung zu vertreten. In dem bereits erwähnten Falle von uneingeschränkter Aggression gegen den sonst geliebten Mann nach
dem Koitus konnte ich feststellen, daß diese Phase vor der
Objektwahl bestanden hatte. Erst später wandte sich die Libido
des kleinen Mädchens dem Vater zu, und dann wünschte sie
sich anstatt des Penis — ein Kind.[1]

Ich würde nicht überrascht sein, wenn sich in anderen Fällen
die Zeitfolge dieser Regungen umgekehrt fände und dies Stück
des Kastrationskomplexes erst nach erfolgter Objektwahl zur
Wirkung käme. Aber die männliche Phase des Weibes, in der es
den Knaben um den Penis beneidet, ist jedenfalls die entwicklungs-
geschichtlich frühere und steht dem ursprünglichen Narzißmus
näher als der Objektliebe.

Vor einiger Zeit gab mir ein Zufall Gelegenheit, den Traum
einer Neuvermählten zu erfassen, der sich als Reaktion auf ihre
Entjungferung erkennen ließ. Er verriet ohne Zwang den Wunsch
des Weibes, den jungen Ehemann zu kastrieren und seinen Penis
bei sich zu behalten. Es war gewiß auch Raum für die harm-
losere Deutung, es sei die Verlängerung und Wiederholung des
Aktes gewünscht worden, allein manche Einzelheiten des Traumes
gingen über diesen Sinn hinaus, und der Charakter wie das
spätere Benehmen der Träumerin legten Zeugnis für die ernstere
Auffassung ab. Hinter diesem Penisneid kommt nun die feind-
selige Erbitterung des Weibes gegen den Mann zum Vorschein,
die in den Beziehungen der Geschlechter niemals ganz zu verkennen
ist, und von der in den Bestrebungen und literarischen Produk-
tionen der „Emanzipierten" die deutlichsten Anzeichen vorliegen.
Diese Feindseligkeit des Weibes führt Ferenczi — ich weiß
nicht, ob als erster — in einer paläobiologischen Spekulation bis
auf die Epoche der Differenzierung der Geschlechter zurück.

---

1) Siehe: Über Triebumsetzungen insbesondere der Analerotik. Intern. Zeitschr.
f. PsA. IV, 1916/17, [Gesamtausgabe Bd. V.]

Anfänglich, meint er, fand die Kopulation zwischen zwei gleichartigen Individuen statt, von denen sich aber eines zum stärkeren entwickelte und das schwächere zwang, die geschlechtliche Vereinigung zu erdulden. Die Erbitterung über dies Unterlegensein setze sich noch in der heutigen Anlage des Weibes fort. Ich halte es für vorwurfsfrei, sich solcher Spekulationen zu bedienen, solange man es vermeidet, sie zu überwerten.

Nach dieser Aufzählung der Motive für die in der Frigidität spurweise fortgesetzte paradoxe Reaktion des Weibes auf die Defloration, darf man es zusammenfassend aussprechen, daß sich die **unfertige Sexualität** des Weibes an dem Manne entlädt, der sie zuerst den Sexualakt kennen lehrt. Dann ist aber das Tabu der Virginität sinnreich genug, und wir verstehen die Vorschrift, welche gerade den Mann solche Gefahren vermeiden heißt, der in ein dauerndes Zusammenleben mit dieser Frau eintreten soll. Auf höheren Kulturstufen ist die Schätzung dieser Gefahr gegen die Verheißung der Hörigkeit und gewiß auch gegen andere Motive und Verlockungen zurückgetreten; die Virginität wird als ein Gut betrachtet, auf welches der Mann nicht verzichten soll. Aber die Analyse der Ehestörungen lehrt, daß die Motive, welche das Weib dazu nötigen wollen, Rache für ihre *Defloration* zu nehmen, auch im Seelenleben des Kulturweibes nicht ganz erloschen sind. Ich meine, es muß dem Beobachter auffallen, in einer wie ungewöhnlich großen Anzahl von Fällen das Weib in einer ersten Ehe frigid bleibt und sich unglücklich fühlt, während sie nach Lösung dieser Ehe ihrem zweiten Manne eine zärtliche und beglückende Frau wird. Die archaische Reaktion hat sich sozusagen am ersten Objekt erschöpft.

Das Tabu der Virginität ist aber auch sonst in unserem Kulturleben nicht untergegangen. Die Volksseele weiß von ihm und Dichter haben sich gelegentlich dieses Stoffes bedient. A n z e n - g r u b e r stellt in einer Komödie dar, wie sich ein einfältiger Bauernbursche abhalten läßt, die ihm zugedachte Braut zu heiraten, weil sie „a Dirn' is, was ihrem ersten 's Leben kost'". Er willigt darum ein, daß sie einen anderen heirate, und will sie dann als Wittfrau nehmen, wo sie ungefährlich ist. Der Titel des Stückes: „Das Jungferngift" erinnert daran, daß Schlangenbändiger die Giftschlange vorerst in ein Tüchlein beißen lassen, um sie dann ungefährdet zu handhaben.[1]

Das Tabu der Virginität und ein Stück seiner Motivierung hat seine mächtigste Darstellung in einer bekannten dramatischen Gestalt gefunden, in der Judith in Hebbels Tragödie „Judith und Holofernes". Judith ist eine jener Frauen, deren Virginität durch ein Tabu geschützt ist. Ihr erster Mann wurde in der Brautnacht durch eine rätselhafte Angst gelähmt und wagte es nie mehr, sie zu berühren. „Meine Schönheit ist die der Tollkirsche," sagt sie. „Ihr Genuß bringt Wahnsinn und Tod." Als der assyrische Feldherr ihre Stadt bedrängt, faßt sie den Plan, ihn durch ihre Schönheit zu verführen und zu verderben, verwendet so ein patriotisches Motiv zur Verdeckung eines sexuellen. Nach der Defloration durch den gewaltigen, sich seiner Stärke und Rücksichtslosigkeit rühmenden Mann findet sie in ihrer Empörung die Kraft, ihm den Kopf abzuschlagen, und wird so zur Befreierin ihres Volkes. Köpfen ist uns als symbolischer Ersatz für Kastrieren wohlbekannt; danach ist Judith das Weib, das den Mann kastriert, von dem sie defloriert wurde, wie es auch der von mir berichtete Traum einer Neuvermählten wollte. Hebbel hat die patriotische Erzählung aus den Apokryphen des Alten Testaments in klarer Absichtlichkeit sexualisiert, denn

---

[1] Eine meisterhaft knappe Erzählung von A. Schnitzler („Das Schicksal des Freiherrn v. Leisenbogh") verdient trotz der Abweichung in der Situation hier angereiht zu werden. Der durch einen Unfall verunglückte Liebhaber einer in der Liebe vielerfahrenen Schauspielerin hat ihr gleichsam eine neue Virginität geschaffen, indem er den Todesfluch über den Mann ausspricht, der sie zuerst nach ihm besitzen wird. Das mit diesem Tabu belegte Weib getraut sich auch eine Weile des Liebesverkehres nicht. Nachdem sie sich aber in einen Sänger verliebt hat, greift sie zur Auskunft, vorher dem Freiherrn v. Leisenbogh eine Nacht zu schenken, der sich seit Jahren erfolglos um sie bemüht. An ihm erfüllt sich auch der Fluch; er wird vom Schlag getroffen, sobald er das Motiv seines unverhofften Liebesglückes erfährt

dort kann Judith nach ihrer Rückkehr rühmen, daß sie nicht verunreinigt worden ist, auch fehlt im Text der Bibel jeder Hinweis auf ihre unheimliche Hochzeitsnacht. Wahrscheinlich hat er aber mit dem Feingefühl des Dichters das uralte Motiv verspürt, das in jene tendenziöse Erzählung eingegangen war, und dem Stoff nur seinen früheren Gehalt wiedergegeben.

I. S a d g e r hat in einer trefflichen Analyse ausgeführt, wie H e b b e l durch seinen eigenen Elternkomplex in seiner Stoffwahl bestimmt wurde, und wie er dazu kam, so regelmäßig im Kampfe der Geschlechter für das Weib Partei zu nehmen und sich in dessen verborgenste Seelenregungen einzufühlen.[1] Er zitiert auch die Motivierung, die der Dichter selbst für die von ihm eingeführte Abänderung des Stoffes gegeben hat, und findet sie mit Recht gekünstelt und wie dazu bestimmt, etwas dem Dichter selbst ·Unbewußtes nur äußerlich zu rechtfertigen und im Grunde zu verdecken. S a d g e r s Erklärung, warum die nach der biblischen Erzählung verwitwete Judith zur jungfräulichen Witwe werden mußte, will ich nicht antasten. Er weist auf die Absicht der kindlichen Phantasie hin, den sexuellen Verkehr der Eltern zu verleugnen und die Mutter zur unberührten Jungfrau zu machen. Aber ich setze fort: Nachdem der Dichter die Jungfräulichkeit seiner Heldin festgelegt hatte, verweilte seine nachfühlende Phantasie bei der feindseligen Reaktion, die durch die Verletzung der Virginität ausgelöst wird.

Wir dürfen also abschließend sagen: Die Defloration hat nicht nur die eine kulturelle Folge, das Weib dauernd an den Mann zu fesseln; sie entfesselt auch eine archaische Reaktion von Feindseligkeit gegen den Mann, welche pathologische Formen annehmen kann, die sich häufig genug durch Hemmungserscheinungen im Liebesleben der Ehe äußern, und der man es zuschreiben darf, daß zweite Ehen so oft besser geraten als die ersten. Das befremdende Tabu der Virginität, die Scheu, mit welcher bei den

---

Primitiven der Ehemann der Defloration aus dem Wege geht, finden in dieser feindseligen Reaktion ihre volle Rechtfertigung.

Es ist nun interessant, daß man als Analytiker Frauen begegnen kann, bei denen die entgegengesetzten Reaktionen von Hörigkeit und Feindseligkeit beide zum Ausdruck gekommen und in inniger Verknüpfung miteinander geblieben sind. Es gibt solche Frauen, die mit ihren Männern völlig zerfallen scheinen und doch nur vergebliche Bemühungen machen können, sich von ihnen zu lösen. So oft sie es versuchen, ihre Liebe einem anderen Manne zuzuwenden, tritt das Bild des ersten, doch nicht mehr geliebten, hemmend dazwischen. Die Analyse lehrt dann, daß diese Frauen allerdings noch in Hörigkeit an ihren ersten Männern hängen, aber nicht mehr aus Zärtlichkeit. Sie kommen von ihnen nicht frei, weil sie ihre Rache an ihnen nicht vollendet, in ausgeprägten Fällen die rachsüchtige Regung sich nicht einmal zum Bewußtsein gebracht haben.

INHALT

www.ingramcontent.com/pod-product-compliance
Lightning Source LLC
Chambersburg PA
CBHW030553270326
41927CB00008B/1629